质量强国大系　全民质量教育系列　●上海市中小学质量教育社会实践基地教材

守住你的质量安全习惯

ShouZhu Ni De
ZhiLiang AnQuan XiGuan

主编：黄小路　副主编：刘刚
主审：钱仲裘　副主审：刘放鸣
编委：史燕君　孟凯　周志强　孙建英

中国质检出版社
中国标准出版社
北　京

好的质量安全习惯好的生活质量，
社区居民朋友们要记住哦。

前　言

什么是质量安全习惯？可能大部分人都对这个新概念感到陌生。其实，质量安全习惯一直潜移默化地影响着我们的生活质量。

例如，乘车要系“安全带”，在操作或使用新的电器设备前，要先认真阅读“使用说明书”，严格按“操作规程”操作等，这些行为习惯都是在工作和生活中反复使用而固定下来的，通过实践验证，它们对避免意外伤害、工作差错以及提高生活品质和工作成效等是有帮助的。

上海是座具有悠久、深厚质量文化底蕴的国际化大都市，人们在质量文化的熏陶下，养成了许多有用的质量安全习惯。2014 年 4 月至 9 月，上海市质量技术监督局联合上海东方网开展了“最有用质量安全习惯”社会征集活动。为期 6 个月的网上征集活动得

到广大网民积极响应，参与人数达 30 万人次，共征集了 1.8 万余条各类质量安全习惯。经过初选、专家学者评选的方式，共选定了 30 条常用质量安全习惯。其中，“购物看标签”等 10 条被评为“十个最有用的质量习惯”。

本次活动，深入挖掘并宣传推广了良好的质量安全习惯。作为有责任的出版者，我们认为出版这种题材的大众普及图书是十分有意义的。它的内容充分体现了社会主义核心价值观，符合文化惠民的精神，在形式上有创新，在内容上有热点，贴近民生。因此，我

们策划出版了《守住你的质量安全习惯》一书，将原有的素材进一步提炼与整合，在编排上采用图文并茂、通俗易懂的形式，将生活中一些“不良质量安全习惯”编成了漫画小故事，与“有用质量安全习惯”形成强烈对照，用“小故事”诠释“大道理”。

习惯始于点滴，长于循环重复。好的习惯不仅使个人在社会中的生活更加融洽，也能使团队之间合作更加协调，最终提升我们民族的整体素质。从现在开始，让我们一起来培养好的质量安全习惯。

出版者

2015 年 6 月 21 日

目录

最有用的质量安全习惯之

购物看标签

从商品标签上面，消费者可以获得关于商品品质等一些重要信息，如食品的保质期、服装的材料成分等。在日常生活中，购物之前先了解商品信息是一种很好的质量安全习惯。尤其是不要购买无标签的预包装食品。进口的预包装食品也必须有中文标签和中文说明书。

有关规定

《中华人民共和国药品管理法》《中华人民共和国食品安全法》分别对包装有明确的规定，在药品包装、预包装食品包装上应当按照规定印有标签。标签应当注明商品名称、成分、规格、生产企业、生产日期、有效期等。《中华人民共和国种子法》《医疗器械监督管理条例》分别规定了销售的种子、医疗器械应当附有标签。此外，强制性国家标准 GB 28050—2011《食品安全国家标准　预包装食品营养标签通则》规定了预包装食品营养标签所应标注的营养信息的要求和内容。强制性国家标准 GB 7718—2011《食品安全国家标准　预包装食品标签通则》规定了直接提供给消费者预包装食品标签内容和非直接提供给消费者预包装食品标签内容。

小贴士：服装质量安全分类

强制性国家标准 GB 18401—2010《国家纺织产品基本安全技术规范》将纺织产品安全分为 A 类、B 类和 C 类。

1.A 类：甲醛含量≤ 20 mg/kg；pH4.0~7.5；耐水（变色、沾色）3~4，耐酸汗渍（变色、沾色）3~4，耐碱汗渍（变色、沾色）3~4，耐干摩擦 4，耐唾液（变色、沾色）4；无异味；禁用可分解致癌芳香胺染料。

2.B 类：甲醛含量≤ 75 mg/kg；pH4.0~8.5；耐水（变色、沾色）3，耐酸汗渍（变色、沾色）3，耐碱汗渍（变色、沾色）3，耐干摩擦 3，无异味；禁用可分解致癌芳香胺染料。

3.C 类：甲醛含量≤ 300 mg/kg；pH4.0~9.0；耐水（变色、沾色）3，耐酸汗渍（变色、沾色）3，耐碱汗渍（变色、沾色）3，耐干摩擦 3，无异味；禁用可分解致癌芳香胺染料。

婴幼儿纺织产品应符合 A 类要求。成人服装直接接触皮肤的产品至少应符合 B 类要求，非直接接触皮肤的产品至少应符合 C 类要求，窗帘等悬挂类装饰产品不考核耐汗渍色牢度。

最有用的质量安全习惯之

乘自动扶梯紧紧抓住扶手

电梯一般包括厢式垂直梯和自动扶梯（自动步行道）。乘自动扶梯时，要遵守“一停二看三通过”安全原则，避免踏空；踏上电梯后要紧紧抓住电梯扶手，这样可有效防止或避免电梯突发运行故障时摔倒受伤，禁止在运行着的自动扶梯上面反向行走或奔跑。当乘坐厢式垂直电梯突发运行故障时，乘客一定要保持冷静，先报警，等待救援，严禁强行扒开电梯门。

有关规定

《中华人民共和国特种设备安全法》第十二条规定，任何单位和个人有权向负责特种设备安全监督管理的部门和有关部门举报涉及特种设备安全的违法行为，接到举报的部门应当及时处理。

第四十条规定，特种设备使用单位应当按照安全技术规范的要求，在检验合格有效期届满前一个月向特种设备检验机构提出定期检验要求。特种设备检验机构接到定期检验要求后，应当按照安全技术规范的要求及时进行安全性能检验。特种设备使用单位应当将定期检验标志置于该特种设备的显著位置。未经定期检验或者检验不合格的特种设备，不得继续使用。

第四十三条规定，公众乘坐或者操作电梯、客运索道、大型游乐设施，应当遵守安全使用规定和安全注意事项的要求，服从有关工作人员的管理和指挥；遇有运行不正常时，应当按照安全指引，有序撤离。

小贴士：什么是特种设备

特种设备是指涉及生命安全，危险性较大的锅炉、压力容器、压力管道、电梯、起重机械、客运索道、大型游乐设施、场（厂）内专用机动车辆这八大类设备。为保障特种设备的安全运行，国家对各类特种设备，在生产、使用、检验检测三个环节都有严格规定，实行全过程的监督管理。

最有用的质量安全习惯之 3

发现假冒伪劣就举报

举报假冒伪劣产品，是法律赋予每个公民的权力和义务，是良好的质量安全习惯，也是一种高尚的生活态度。消费者若发现购买产品有涉嫌假冒伪劣，可携该商品和购物发票（凭证），向当地政府质量管理部门、各类社会组织、生产经营者等进行投诉和维权，也可向12365或12315投诉热线投诉。

有关规定

《中华人民共和国反不正当竞争法》第九条规定，经营者不得利用广告或者其他方法，对商品的质量、制作成分、性能、用途、生产者、有效期限、产地等作引人误解的虚假宣传。

《中华人民共和国产品质量法》第五条规定，禁止伪造或者冒用认证标志等质量标志；禁止伪造产品的产地，伪造或者冒用他人的厂名、厂址；禁止在生产、销售的产品中掺杂、掺假，以假充真，以次充好。第十条规定，任何单位和个人有权对违反本法规定的行为，向产品质量监督部门或者其他有关部门检举。第三十九条规定，销售者销售产品，不得掺杂、掺假，不得以假充真、以次充好，不得以不合格产品冒充合格产品。

《中华人民共和国消费者权益保护法》规定，经营者不得对商品的质量、制作成分、生产者、有效期限、产地等作虚假宣传；也不得在明知或者应知的情况下，代理、设计、制作、发布虚假广告。对于构成侵权的，或者伪造冒用质量标志、伪造厂名厂址、掺杂掺假的任何单位和个人，依照《中华人民共和国产品质量法》和《中华人民共和国消费者权益保护法》相关规定追究其法律责任。

12365

小贴士：

执法人员提醒广大消费者，特别是中老年朋友，在选购保健食品时要认真鉴别，不要被商家虚假违法广告、讲座、低价搭售、免费体检、赠送礼品等促销、引诱手段所迷惑，防止上当受骗。

最有用的质量安全习惯之4 保持现场整洁

数据资料显示，从2010年至今，企业金属粉尘爆炸事故频发，几乎占到粉尘爆炸事故的三成左右。

以汽车轮毂抛光车间爆炸事故为例，闪燃和爆炸的风险会伴随铝合金轮毂抛光的全过程。业内人士表示：抛光过程中一定会产生很多铝粉，铝粉一旦被点燃之后，反应力是非常大的。另外，打磨材料也会产生很多的粉末。这种铝粉粉末和砂石粉末都是比较容易混合的，如果不定期进行粉尘清理，浓度一高，别说明火了，就是碰上静电都可能导致爆炸。

因此，施工现场要防止或者减少粉尘、废气、废水、固体废物、噪声、振动和施工照明对人和环境的危害和污染；设备应当定期清理，及时清除残存料、粉尘积垢等残留物；不能封闭、堵塞生产经营场所或者员工宿舍的出口。

有关规定

《建设工程安全生产管理条例》第二十八条规定，施工现场暂时停止施工的，施工单位应当做好现场防护。该条例第三十条规定，施工单位应当在施工现场采取措施，防止或者减少粉尘、废气、废水、固体废物、噪声、振动和施工照明对人和环境的危害和污染。

《中华人民共和国安全生产法》第三十六条规定，生产、经营、运输、储存、使用危险物品或者处置废弃危险物品的，由有关主管部门依照有关法律、法规的规定和国家标准或者行业标准实施审批和监督管理。该条例第三十四条规定，生产经营场所和员工宿舍应当设有符合紧急疏散要求，有明显标志，并保持畅通的出口。禁止锁闭、封堵生产经营场所或者员工宿舍的出口。

《城市市容和环境卫生管理条例》第十六条规定，城市的工程施工现场的材料、机具应当堆放整齐，渣土应当及时清运；临街工地应当设置护栏或者围布遮挡；停工场地应当及时整理并作必要的覆盖；竣工后，应当及时清理和平整场地。

《饲料质量安全管理规范》第十七条规定，企业应当采取有效措施防止生产过程中的交叉污染，生产含有药物添加剂的饲料产品后，生产不含药物饲料添加剂或者改变添加剂品种的产品，应当对生产线进行清洗；清洗料回用的，应当明确标识并回置于同品种产品中；设备应当定期清理，及时清除残存料、粉尘积垢等残留物。

最有用的质量安全习惯之5 进工地必戴安全帽

2011 年 11 月，张师傅在上海市长宁区一处别墅建筑工地进行空调地暖安装施工。突然，一块混凝土砖块从脚手架上掉下，砸在张师傅头上。工友们迅速将张师傅送到医院急救。经医生诊断，张师傅脑外伤为右侧颞骨粉碎性凹陷性骨折，后又被诊断为外伤后精神障碍。经司法鉴定，张师傅的伤情构成九级伤残。一年后，张师傅向法院起诉，要求赔偿医疗费、残疾赔偿金等 18.5 万余元。长宁区法院的判决是：因事发时张师傅没戴安全帽，对自己受伤承担三成责任，判令单位赔偿 11.4 万余元。

进入施工现场的作业人员应佩戴安全防护用具和穿安全防护服装，正确佩戴和使用劳动防护用品是安全生产的保障。

有关规定

《中华人民共和国安全生产法》第四十二条规定，生产经营单位必须为从业人员提供符合国家标准或者行业标准的劳动防护用品，并监督、教育从业人员按照使用规则佩戴、使用。该法第五十四条规定，从业人员在作业过程中，应当严格遵守本单位的安全生产规章制度和操作规程，服从管理，正确佩戴和使用劳动防护用品。

《建设工程安全生产管理条例》第三十二条规定，施工单位应当向作业人员提供安全防护用具和安全防护服装，并书面告知危险岗位的操作规程和违章操作的危害。

《中华人民共和国劳动合同法》第三十八条规定，用人单位未按照劳动合同约定提供劳动保护或者劳动条件的，劳动者可以解除劳动合同。

最有用的质量安全习惯之6 检查、保养设备

2014年7月31日晚至8月1日凌晨，台湾高雄遭遇十多年来最严重的石化气爆事故，该市前镇区逾6公里长的数条街道因惊人的爆炸而塌陷碎裂，当地居民伤亡惨重。据台湾媒体报道，高雄气爆祸首疑似是使用了23年的丙烯输送管，它从启用后就没有定期维修保养。

除了石化管道与设备外，如游乐场设施、电梯、车辆、家用电器，以及餐饮服务企业的食品加工、贮存、陈列设备等也应进行经常性维护保养和定期自行安全检查。

有关规定

《中华人民共和国安全生产法》第三十三条规定，安全设备的设计、制造、安装、使用、检测、维修、改造和报废，应当符合国家标准或者行业标准。生产经营单位必须对安全设备进行经常性维护、保养，并定期检测，保证正常运转。维护、保养、检测应当作好记录，并由有关人员签字。

《中华人民共和国特种设备安全法》第三十九条规定，特种设备使用单位应当对其使用的特种设备进行经常性维护保养和定期自行检查，并作出记录。特种设备使用单位应当对其使用的特种设备的安全附件、安全保护装置进行定期校验、检修，并作出记录。

《中华人民共和国食品安全法实施条例》第三十二条规定，餐饮服务提供企业应当定期维护食品加工、贮存、陈列等设施、设备；定期清洗、校验保温设施及冷藏、冷冻设施。餐饮服务提供者应当按照要求对餐具、饮具进行清洗、消毒，不得使用未经清洗和消毒的餐具、饮具。

《中华人民共和国石油天然气管道保护法》第二十三条、《消防监督检查规定》第十条以及《建设工程安全生产管理条例》第三十四条都规定了生产经营单位必须定期对设备进行经常性维护、保养，定期检测，并作出记录，保证正常运转。对风险较大的区段和场所还要进行重点监测。

7 最有用的质量安全习惯之 做事注重细节

美国当地时间2003年2月1日，载有7名宇航员的美国哥伦比亚号航天飞机在结束了为期16天的太空任务之后，在返回地面过程中，接近地面前18分钟时，发生了爆炸空难。经科学家的多年研究和分析，最终发生爆炸的原因是航天飞机左翼与机身连接处的一颗铆钉铆固不牢所引起，就是因为这一小小的细节最终导致了那次空难的发生！

如果检测维护人员在航天飞机飞行前能端正工作态度，把每项工作做得更精细一些，也许可以避免那次空难。

质量在于细节，要大处着眼，小处着手，把每项工作做到精细到位，可避免酿成重大损失。

最有用的质量安全习惯之 8 操作按规程

操作规程是为了保证生产、工作能够安全、稳定、有效运转而制定的程序或步骤。据不完全统计，我国有护士、汽车驾驶员等 80 多个岗位工种的操作规程。在日常生活中，按照操作规范操作家用电器、驾驶汽车等是一种非常好的安全习惯，可大大避免人身意外伤害。

例如，洗衣服是平常活儿，但是，不按操作规程使用洗衣机，也会使本来平常的事情充满危险。王女士在使用洗衣机时就不慎绞伤了手指。当甩干桶还在转时，她将手伸进桶内取衣服，手指被拧成“疙瘩”的衣服卡住，造成右手的食指、中指和无名指被严重绞伤。

有关规定

《中华人民共和国特种设备安全法》规定了特种设备使用单位应制定操作规程，保证特种设备安全运行。特种设备运行不正常时，特种设备作业人员应当按照操作规程采取有效措施保证安全。

《中华人民共和国安全生产法》第二十五条、第四十条、第四十一条以及第五十四条都规定了从业人员要按照安全生产规章制度和安全操作规程，掌握本岗位的安全操作技能。

《中华人民共和国农业机械化促进法》第二十条规定，农业机械使用者作业时，应当按照安全操作规程操作农业机械。

《中华人民共和国道路交通安全法》第二十二条规定，机动车驾驶人应当遵守道路交通安全法律法规的规定，按照操作规范安全驾驶、文明驾驶。

《中华人民共和国消防法》第二十一条规定，作业人员应当遵守消防安全规定。进行电焊、气焊等具有火灾危险作业和自动消防系统的操作人员，必须持证上岗，并遵守消防安全操作规程。

最有用的质量安全习惯之9

经常整理物品

定期整理家中、办公室以及工作现场的存储物品、设备和工具等，消除杂乱物品隐藏的安全隐患，是一种非常好的生活工作习惯，可以保障您的生活和工作充满活力。

据《中国家庭过期药品回收白皮书（2004–2014）》显示，我国约有 78.6% 的家庭备有“小药箱”，但 80% 以上家庭没有定期清理的习惯，很少有人知道如何正确处理家庭过期药。专家称，使用过期药必然无益甚至有害。

小贴士：5s管理

“5S”管理起源于日本，是从丰田公司的现场管理实践中总结出来的。“5S”是生产现场整理（Seiri）、整顿（Seiton）、清扫（Seisou）、清洁（Seiketsu）、素养（Shitsuke）五项活动的统称，由于这五项活动每一个词的第一个字母都是“S”，所以简称“5S”。每个S的具体内容如下。

整理：区分清理，明确区分要用和不要用的物品，把不用的或过多数量的物品清除出现场，以免妨碍工作，浪费场地。

整顿：定置标识，研究需用物品的取用方法，合理安排所需物品的摆放位置，并根据需要恰当标识，防止误用和取用省时省力。

清扫：清洁工作场所，对设备、工具、用品进行彻底的清洁养护，对工作场所进行全面打扫，查找并消除脏污的源头。

清洁：创造舒适环境，持续不断地坚持整理、整顿、清扫，保持现场整洁，进行规范和约定，实施现场目视管理。

素养：约束习惯，通过外在的规范约束和内在的文化自觉约束，提高员工素养。

在丰田公司的倡导与推动下，日本企业纷纷采用“5S”管理生产。之后人们发现，“5S”在塑造企业形象、降低生产成本、准时交货、安全生产、高度的标准化、创造令人心旷神怡的工作环境等方面发挥了巨大作用，尤其是第二次世界大战后，日本制造的产品品质得到迅速提升，为日本成为经济大国奠定了基础。20世纪80年代，“5S”广泛应用于世界各国企业的质量管理之中。

5S管理对个人生活是否有积极意义？回答当然是肯定的。5S不仅能使个人生活拥有一个清洁、整齐、安全、舒适的环境，而且还能使人养成良好的习惯，提升人格修养，提升个人气质。

最有用的质量安全习惯之10 及时记录

好记性不如烂笔头，这句俗话是告诫人们不要过分相信自己的记忆力，对要处理的各种事情随时记录是个比较好的办法和习惯。在日常生活中，很多人有写日记的习惯，还有记日常生活开销账等都是这句俗语的体现。生产企业推行工作日志管理也是异曲同工。工作日志内容包括当日工作完成情况，重大事件的记录及问题的处理；需要向上级汇报、协调的工作；当日对下级布置工作，传达上级精神、文件的内容等，将每天的工作情况实事求是、简明扼要地记录下来，可以有效推进各项工作的执行。

有关规定

《中华人民共和国药品管理法》规定，除中药饮片的炮制外，药品生产记录必须完整准确。药品经营企业购销药品，必须有真实完整的购销记录。

《药品生产质量管理规范(2010年修订)》规定，在生产过程与包装过程中，进行每项操作时应当及时记录。

《新兽药研制管理办法》规定，承担临床试验的单位和试验者应当密切注意临床试验用兽药不良反应事件的发生，并及时记录在案。

《中华人民共和国食品安全法》第五十条规定，食品生产企业应当建立食品原料、食品添加剂、食品相关产品进货查验记录制度，建立食品进货查验记录制度，建立食品进口和销售记录制度。

《中华人民共和国环境保护法》第四十二条规定，重点排污单位应当按照国家有关规定和监测规范安装使用监测设备，保证监测设备正常运行，保存原始监测记录。

《中华人民共和国特种设备安全法》规定，特种设备使用单位对其使用的特种设备进行经常性维护保养和定期自行检查，并作出记录，建立安全技术档案。

《武器装备质量管理条例》规定，武器装备论证、研制、生产、试验和维修单位应当建立武器装备质量信息系统和信息交流制度，及时记录、收集、分析、上报、反馈、交流武器装备的质量信息，实现质量信息资源共享，并确保质量信息安全，做好保密工作。

《人身保险业务基本服务规定》第十五条规定，保险公司应当在犹豫期内对合同期限超过一年的人身保险新单业务进行回访，并及时记录回访情况。

最有用的质量安全习惯之 11

定期搜集有用信息

有关规定

《进出口食品安全管理办法》第四十二条规定，国家质检总局和检验检疫机构应当建立进出口食品安全信息收集网络，收集和整理食品安全信息。第四十三条规定，检验检疫机构对经核准、整理的食品安全信息，按照规定的要求和程序向国家质检总局报告并向地方政府、有关部门通报。

《中华人民共和国反不正当竞争法》第十条规定，经营者不得采用非法手段侵犯商业秘密，否则视为侵犯商业秘密。

《中华人民共和国合同法》第四十三条规定，当事人在订立合同过程中知悉的商业秘密，无论合同是否成立，不得泄露或者不正当地使用。泄露或者不正当地使用该商业秘密给对方造成损失的，应当承担损害赔偿责任。

12 最有用的质量安全习惯之 一次做对事情

一次性把工作做好，因为任何一个小差错都可能导致毁灭性的后果。1790 年 12 月，在俄国与土耳其之间进行的伊兹梅尔城市攻防战就是这样一个典型案例。

作为土耳其在多瑙河下游最为重要的战略要塞，伊兹梅尔壁垒森严，城墙耸立，壕沟环绕，大有“一夫当关，万夫莫开”之势，被誉为多瑙河最坚固的堡垒。驻守伊兹梅尔要塞的土军共有 3.5 万人，装备有 300 门火炮。俄军攻城兵力为 3.1 万名步骑兵、600 门火炮和 200 余艘小型舰艇。从 1790 年 10 月至 11 月，俄军连续发动了数次进攻，均告失败。后来，俄军指挥官苏沃洛夫将军临危受命，他制定了一个“胆大包天”的计划：用 10 天的时间，一次性攻占伊兹梅尔。10 天后，苏沃洛夫果然没有食言，俄军占领了固若金汤的伊兹梅尔。其实，这一次俄军取胜的关键就在于在战争开始前的内部军事会议上，确定了“绝对保证第一次就攻下的指导方针”。

小贴士：

克劳士比在《质量免费》一书中写道，质量是免费的。虽然它不是赠品，可是它的确是不花钱的。要花钱的是非质量的东西，也就是那些一开始没把工作做对，而必须采取的所有补救措施。质量不仅是免费的，它还是一棵货真价实的摇钱树。由于工作一开始就做对了，没有返工而省下的每一分钱，都会列入会计报表中“利润”这一栏。在这个“谁也不知道明天这一行会变成什么模样”的时代，改进获利能力的方法并不多。如果你能集中精力在质量上，很可能把利润提高到营业总额的 5%~10%。这么多的钱可以说是免费奉送的。

“一次做对”，顾名思义就是用正确的态度和坚强的决心，第一次就把该做的事情做正确。它是系统地继承零缺陷、卓越绩效模式和 TQM 的核心思想，经过在中国的长期实践和系统思考之后，所整合的一套行之有效的适合中国的管理体系。“一次做对”实施的目标就是通过一系列有效措施和方法使企业战略、运营和基础管理等方方面面都符合以上要求，从而快速、全方位、持续地提升企业管理。

最有用的质量安全习惯之13 网购留凭证

购物后保留凭证，一旦发生质量纠纷，能够为后期维权提供资料。尤其是采用网络、电视、电话、邮购等方式购物，工商部门提醒消费者，在交易过程中一定要保留好凭证，比如购买商品的发票、快递签收单、网上交易聊天记录，以及下单记录等。当遇到纠纷时，首先可以和卖家协商，如果协商不成功，则可以向网店所在的商家提出申诉，也可以向工商部门提出投诉，如果遇到网络诈骗则可以向公安局报案。

有关规定

为了保护消费者的合法权益，《中华人民共和国消费者权益保护法》第二十五条规定，经营者采用网络、电视、电话、邮购等方式销售商品，消费者有权自收到商品之日起七日内退货，且无需说明理由。

《网络交易管理办法》第十三条规定，网络商品经营者销售商品或者提供服务，应当按照国家有关规定或者商业惯例向消费者出具发票等购货凭证或者服务单据；征得消费者同意的，可以以电子化形式出具。电子化的购货凭证或者服务单据，可以作为处理消费投诉的依据。按照该办法第四十三条规定，交易数据、合同、票据、账簿以及其他相关数据资料可供县级以上工商行政管理部门查阅、复制，对涉嫌违法的网络商品交易及有关服务行为进行查处。

另外，该办法还要求，网络商品经营者必须保障消费者七日内无理由退货；鲜、活、易腐、定制等四类商品除外，消费者的网购“后悔权”将在法律和部门规章层面都获得支持。

最有用的质量安全习惯之 14
及时关闭电源

2013 年 11 月，昆明市一住户家主人外出，忘记关闭液化气，仅 1 个多小时后屋内液化气浓度已经达到爆燃值，如不及时通风可能发生严重后果，幸好消防人员及时赶到，进入屋内将液化气阀门关闭，随后将门窗打开通风，避免了一场火灾发生。

2012 年 1 月，长沙两个社区的居民楼先后发生火灾，两起火灾均因电烤炉使用不当所致。消防人员提醒，不使用电烤炉时，将开关关掉后，最好把电源插头也拔掉，要牢记住：“人走火灭、断电”。

有关规定

《中华人民共和国消防法》第二十七条规定，电器产品、燃气用具的产品标准，应当符合消防安全的要求。电器产品、燃气用具的安装、使用及其线路、管路的设计、敷设、维护保养、检测，必须符合消防技术标准和管理规定。

《中华人民共和国电力法》《电力供应与使用条例》都规定了国家对电力供应和使用，实行安全用电、节约用电、计划用电的管理原则。

《电力供应与使用条例》第二十九条规定，供电企业和用户应当采用先进技术，采取科学管理措施，安全供电、用电，避免发生事故，维护公共安全。该条例第三十条规定，用户不得有危害供电、用电安全，扰乱正常供电、用电秩序的行为。

小贴士：

消防人员提醒：一般电线使用年限为20年，年限超过10年的老电线要定期检测，在平时生活中不要同时将几个大功率的电器插在一个插线板上。

发现电器起火要先切断电源，再用干粉或气体灭火器灭火，切不可直接泼水灭火，以防引起触电或电器爆炸。

最有用的质量安全习惯之 15

定期更换洗漱用品

人们往往只注意防范别人身上的病原微生物，而疏于防范自己身上的感冒病毒。这些病毒很可能留在自己的牙刷里、漱口杯和洗脸的毛巾上。检验人员就曾在感冒患者的上述洗漱用品里检测到存活的感冒病毒。疾控中心专家建议，在注意防范其他感冒患者的同时，及时更换和对自己的洗漱用品消毒，可以达到事半功倍的防病效果。

有关规定

强制性国家标准 GB 19342—2013《牙刷》有关牙刷的卫生要求

……

4 要求

4.1 卫生要求

4.1.1 刷毛、刷柄、刷头不应脱色。

4.1.2 牙刷各部位应清洁，无污物，无异味。

4.1.3 销售产品应有包装，包装内外应干净整洁，无污物、开裂。

……

小贴士：日常用品的卫生安全寿命

牙刷：一般建议每 3~4 个月更换 1 次
床垫：5 年换 1 次
筷子：半年换 1 次
净水机：6 年 1 换
马桶刷：半年 1 换
窗帘：半年清洗 1 次

最有用的质量安全习惯之16

垃圾分类倾倒

实施垃圾分类倾倒管理，可以大大提高垃圾资源的利用率。

有关规定

《中华人民共和国循环经济促进法》第四十一条规定，县级以上人民政府应当统筹规划建设城乡生活垃圾分类收集和资源化利用设施，建立和完善分类收集和资源化利用体系，提高生活垃圾资源化率。该法第四十六条规定，省、自治区、直辖市人民政府可以根据本行政区域经济社会发展状况，实行垃圾排放收费制度。

《建设部关于纳入国务院决定的十五项行政许可的条件的规定》第四条规定，建设单位、施工单位或者建筑垃圾运输单位申请城市建筑垃圾处置核准，需提供建筑垃圾消纳场的土地用途证明、具有建筑垃圾分类处置的方案和对废混凝土、金属、木材等回收利用的方案、运输车辆具备全密闭运输机械装置或密闭苫盖装置、安装行驶及装卸记录仪和相应的建筑垃圾分类运输设备。

小贴士：垃圾的生命

垃圾分类是按照垃圾的成分、属性、利用价值、对环境的影响，以及现有处理方式等特点进行的，分类出的生态垃圾进入自然系统，工业垃圾回归工业体系，危险废弃物进入安全处理设施。

家庭和单位是垃圾产生的源头，在垃圾源头进行分类投放、分类收集、分类运输、分类处置，可以大大降低垃圾处理费用，保护生态环境。

塑胶制品：永远不能分解。

皮革：50 年以上。

塑胶袋：20~30 年。

铝罐：500 年。

尼龙织品：30~40 年。

锡罐：50 年。

1 粒纽扣电池：可污染 60 万升水（相当于一个人一生用水量）。

1 节 1 号电池：使 1 平方米的土地失去利用价值。

最有用的质量安全习惯之17
尖利物品防伤人

为防止尖利物品潜在的危害，在传递刀具或剪刀时，一定要记得将手柄递到对方手中，收放置刀具或剪刀时，一定要将尖头向下，或平放，可以保障您和他人免受尖利物伤害。专家提醒：为防止小孩受到意外伤害，家长平时要注意禁止小孩玩刀具，要加强教育，让小孩注意自身安全。为了保护公共安全，禁止非法制造、贩卖、携带匕首、三棱刀、弹簧刀或者其他管制刀具；未成年人不能携带管制刀具。

有关规定

《中华人民共和国治安管理处罚条例》第二十条规定，不得非法制造、贩卖、携带匕首、三棱刀、弹簧刀或者其他管制刀具，否则处15日以下拘留、200元以下罚款或者警告。

《中华人民共和国预防未成年人犯罪法》第十四条规定，未成年人的父母或者其他监护人和学校应当教育未成年人不得携带管制刀具。

为了尽可能地消除晴雨伞伞顶尖（套）的潜在危害，上海地方标准DB 31/342—2005《晴雨伞安全性能要求》规定如下：

1. 伞帽或伞顶尖（套）端面的最小尺寸应不小于9 mm，伞帽或伞顶尖（套）的高度应不大于95 mm。
2. 伞帽或伞顶套在承受70 N±2 N的静拉力时不脱落。
3. 童伞的伞帽或伞顶尖（套）外形必须是球形或圆弧形，其顶端直径应不小于15 mm。

小贴士：

有网友倡议“如果丢的垃圾里有碎玻璃、大头针、刀片等，请用胶带把它们缠裹一下，并尽量多缠几层。这样就降低保洁人员或者捡垃圾者被伤害的概率，像体贴自己一样体贴体贴他们吧，好人会有好报的。”

最有用的质量安全习惯之18 系好安全带

2013年7月6日，韩国韩亚航空公司客机在美国旧金山国际机场降落时发生故障，导致187人受伤，3人丧生。一年后，美国国家运输安全委员会（NTSB）公布调查结果称，丧生的3人中有两位未系安全带，在飞机上被掀翻。调查人员认为，如果她们一直系紧安全带，有生还的可能。“安全带非常重要，能够确保你的安全。”曾任NTSB主席的黛博拉·赫斯曼说，“它看上去没什么科技含量，却是有效的救生措施。”

有关规定

强制性国家标准 GB 7258《机动车运行安全技术条件》规定，乘用车、公路客车、旅游客车、未设置乘客站立区的公共汽车、专用校车和旅居车的所有座椅、其他汽车（低速汽车除外）的驾驶人座椅和前排乘员座椅均应装置汽车安全带。

所有驾驶人座椅、前排乘员座椅（货车前排乘员座椅的中间位置及设有乘客站立区的公共汽车除外）、客车位于踏步区的车组人员座椅以及乘用车除第二排及第二排以后的中间位置座椅外的所有座椅，装置的汽车安全带均应为三点式（或四点式）汽车安全带。

专用校车和专门用于接送学生上下学的非专用校车的每个学生座位（椅）及卧铺客车的每个铺位均应安装两点式汽车安全带。

汽车安全带应可靠有效，安装位置应合理，固定点应有足够的强度。

乘用车应装备驾驶人汽车安全带佩戴提醒装置。当驾驶人未按规定佩戴汽车安全带时，应能通过视觉或声觉信号报警。

乘用车（单排座的乘用车除外）应至少有一个座椅配置符合规定的 ISOFIX 儿童座椅固定装置，或至少有一个后排座椅能够使用汽车安全带有效固定儿童座椅。

《上海市未成年人保护条例》第七条规定，父母或者其他监护人以及其他成年人携带未满十二周岁未成年人乘车的，不得安排其乘坐在副驾驶座位；携带未满四周岁的未成年人乘坐家庭乘用车，应当配备并正确使用儿童安全座椅。

小贴士：汽车安全带的起源

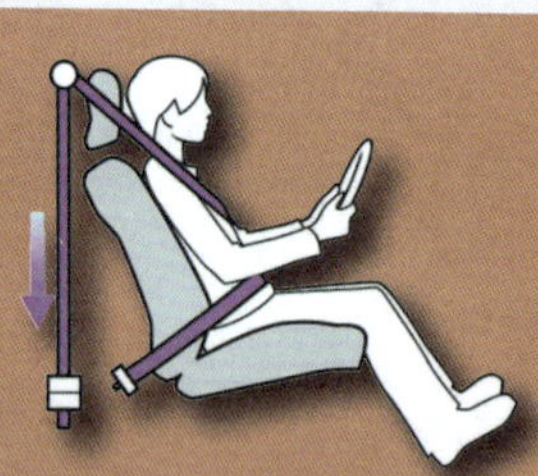

安全带作为汽车发生碰撞过程中保护驾乘人员的基本防护装置，它的诞生早于汽车。19 世纪末，安全带出现并使用在马车上，目的是防止乘客从马车上摔下去。20 世纪初，在纽约举行的一场汽车竞赛场上，一名赛车手为防止在高速中被甩出赛车，用几根皮带将自己和同伴拴在座位上。竞赛时，他们驾驶的汽车失控意外冲入观众群，造成两人丧生，数十人受伤，而这位赛车手却由于皮带的缘故死里逃生。这几根皮带也就成为汽车安全带的雏形。

要提醒大家：无论是乘车时或是开车时一定要系好安全带，尤其是具有空气囊的车辆，只有在系了安全带的前提下空气囊才能对您起到保护作用。

最有用的质量安全习惯之 19

安全使用手机

手机充电时，不接电话；睡觉时，手机不要放在枕边；不要长时间用手机通话；不要将手机挂在胸前或放在裤袋里；多用耳机接听电话，最好是有线耳机。安全使用手机可防止手机伤害。

20 最有用的质量安全习惯之
不买“三无”产品

“三无”产品一般是指无生产日期、无质量合格证（或生产许可证）以及无生产厂家的产品。拒绝购买“三无”产品，让质量不合格产品无处藏身，将有助于市场公平竞争。

有关规定

《中华人民共和国产品质量法》第二十七条规定，产品或者其包装上的标识必须真实，并符合下列要求：

1. 有产品质量检验合格证明；

2. 有中文标明的产品名称、生产厂厂名和厂址；

3. 根据产品的特点和使用要求，需要标明产品规格、等级、所含主要成分的名称和含量的，用中文相应予以标明；需要事先让消费者知晓的，应当在外包装上标明，或者预先向消费者提供有关资料；

4. 限期使用的产品，应当在显著位置清晰地标明生产日期和安全使用期或者失效日期；

5. 使用不当，容易造成产品本身损坏或者可能危及人身、财产安全的产品，应当有警示标志或者中文警示说明。

裸装的食品和其他根据产品的特点难以附加标识的裸装产品，可以不附加产品标识。

该法第二十八条规定，易碎、易燃、易爆、有毒、有腐蚀性、有放射性等危险物品以及储运中不能倒置和其他有特殊要求的产品，其包装质量必须符合相应要求，依照国家有关规定作出警示标志或者中文警示说明，标明储运注意事项。

如果消费者不小心购买了“三无”产品，则可根据《中华人民共和国消费者权益保护法》第五十五条要求三倍赔偿。

小贴士：专业防晒服有啥标准

专业的防晒衣可以防紫外线、防辐射，但造价非常高。《纺织品防紫外线性能的评定》相关标准要求，只有当产品的紫外线防护系数值大于30，并且UVA波（长波黑斑效应紫外线）的透过率小于5%时，才能称为“防紫外线产品”。

防紫外线产品应该在标签上标有以下三个方面的内容：

1. 标准编号GB/T 18830；

2. 标明紫外线防护系数值30+或者50+；

3. 警示语：“长期使用以及在拉伸或者潮湿的情况下，该产品所提供的防护性能可能减少。”

21 最有用的质量安全习惯之 了解商品“三包”

有关规定

《中华人民共和国产品质量法》第四十条、《中华人民共和国消费者权益保护法》第二十四条规定，不具备应当的使用功能而未作说明的产品或不符合相应的产品标准的产品，或不符合以产品说明、实物样品等方式表明的质量状况的产品，消费者有权要求销售者修理、更换、退货。同时《中华人民共和国消费者权益保护法》还规定，没有国家规定和当事人约定的，消费者可以自收到商品之日起七日内退货；七日后符合法定解除合同条件的，消费者可以及时退货，不符合法定解除合同条件的，可以要求经营者履行更换、修理等义务。

《家用汽车产品修理、更换、退货责任规定》第五条规定，产品出售时，销售商应当正确调试，介绍使用维护事项；该规定第十七条规定，因使用、维护、保管不当造成损坏的，不实行三包。

另外，在家电产品送货到家后，消费者应该要求商家提供安装调试服务，切莫自行安装，一旦因自行安装出现问题，厂商就会以此理由拒绝“三包”。

小贴士：

1. 根据《家用汽车产品修理、更换、退货责任规定》，汽车包修期限是不低于3年或6万公里，三包有效期限是不低于2年或者是行驶里程5万公里。保修期内出现产品质量问题，可以免费修理，在三包有效期内，如果符合规定的退货、换货条件，消费者可以凭三包凭证、购车发票等办理退货或者是换货手续。

2. 强制性国家标准GB 17790—2008《家用和类似用途空调器安装规范》规定，从事空调器安装工作的人员，必须经过专门培训。

3. 截至目前，国家已经出台了的各类产品三包规定，包括移动电话、固定电话、微型计算机、家用视听产品、家用汽车产品等共23种产品被纳入“三包”范围。

最有用的质量安全习惯之22 优先选购带质量标志商品

有关规定

《中华人民共和国农产品质量安全法》第三十二条规定，农产品质量符合国家规定的有关优质农产品标准的，生产者可以申请使用相应的农产品质量标志。

《农产品包装和标识管理办法》第十二条规定，销售获得无公害农产品、绿色食品、有机农产品等质量标志使用权的农产品，应当标注相应标志和发证机构。

《食品生产加工企业质量安全监督管理实施细则（试行）》第四十六条规定，食品质量安全市场准入标志即食品生产许可证标志，属于质量标志。该细则第五十一条规定，取得食品生产许可证的企业应当在其产品包装或者标识上加印（贴）食品生产许可证编号。

《中华人民共和国消费者权益保护法》《中华人民共和国产品质量法》《中华人民共和国反不正当竞争法》等都规定，对于在商品中掺杂、掺假，以假充真，以次充好，或者以不合格商品冒充合格商品的，或者伪造或者冒用认证标志等质量标志的行为，要按规定处罚，构成犯罪的，依法追究刑事责任。

质量标志有：QS 标志、CCC 强制认证标志等；农产品质量标志有：无公害农产品标志、绿色食品标志、有机农产品标志等。

23 最有用的质量安全习惯之 保持微笑

在服务顾客的过程中，服务人员要始终微笑服务，给顾客展示最好的状态，使交流的氛围和谐融洽，同时也可大大提高服务质量。

有关规定

推荐性国家标准 GB/T 15624—2011《服务标准化工作指南　第 1 部分：总则》规定，服务行业从业人员的职业资质应符合国家有关行业法规对行业资质的规定。基本内容可包括：

1. 职业素质要求：如技艺水平、应对能力、受教育程度等。
2. 职业行为要求：如文明、礼貌、道德要求、诚实、信用和有效的沟通能力等。
3. 工种的数量、类别和执业资质的基本要求等。

最有用的质量安全习惯之24 买卖讲诚信

有关规定

我国2012年8月30日全国人大常委会通过的《中华人民共和国民事诉讼法》修正案第十三条规定，“民事诉讼应当遵循诚实信用原则；当事人有权在法律规定的范围内处分自己的民事权利和诉讼权利”。《中华人民共和国民法通则》第四条规定，民事活动应当遵循自愿、公平、等价有偿、诚实信用的原则。《中华人民共和国合同法》第六条规定，当事人行使权利、履行义务应当遵循诚实信用原则。

25 最有用的质量安全习惯之 使用商品先看说明书

《2014 儿童用药安全报告》数据显示，中毒成为儿童发生在家中的第一大伤害。报告显示，79% 的家长未认真看药品说明书就给孩子用药；有 37% 的家长表示，一般用家中吃饭的汤勺估测用药剂量。专家提醒，即便是很小的药量差异，对婴幼儿也会带来很大伤害。因为很多药物从人身的肝脏、肾脏代谢，会严重影响婴幼儿发育。

有关规定

《中华人民共和国消费者权益保护法》第八条规定，消费者享有知悉其购买、使用的商品或者接受的服务的真实情况的权利，可以要求经营者提供商品的使用方法说明书、售后服务，或者服务的内容、规格等有关情况。

对于食品而言，《中华人民共和国食品安全法》第四十二条规定，预包装食品上应当有标签，以及标签应当标明的内容。该法第四十七条规定，食品添加剂应当有标签、说明书和包装。该法第四十八条规定，食品和食品添加剂的标签、说明书不得含有虚假、夸大的内容，不得涉及基本预防、治疗功能。

《中华人民共和国药品管理法》第五十四条规定，药品包装必须按照规定印有或者贴有标签并附有说明书。

《危险化学品安全管理条例》第十五条规定，危险化学品生产企业应当提供与其生产的危险化学品相符的化学品安全技术说明书，并在危险化学品包装（包括外包装件）上粘贴或者拴挂与包装内危险化学品相符的化学品安全标签。

最有用的质量安全习惯之26 文明购物

记者在一些超市走访，为我们揭开不文明购物行为的面纱：超市入口附近，1 位市民横躺在休闲椅上，3 人位的休闲椅变成了 1 个人的睡椅；超市走廊，一名 10 多岁的男孩儿，把购物车当作了滑板车，肆意快速地滑行，险些碰到其他人；水果区、散装零食区，有的市民不停地试吃；生鲜区，个别顾客不停地剥菜叶；结账处，有的市民不顾排队秩序，挤着上前……

记者走访中发现，除了超市里丢弃的垃圾，购物车中也成了垃圾的重灾区。记者观察到，很多市民离开超市之前，常顺手将用过的手巾纸、商品包装纸、饮料瓶、购物发票等扔在购物车中。

作为消费者，我们常常要求商场、超市提供完美服务。然而，买卖双方是对等的，应该相互尊重。不文明的购物行为往往是方便了自己麻烦了别人，还会造成社会资源的浪费。营造和谐文明的购物环境，不仅仅是商家提供琳琅满目的商品和周到细致的服务，更需要消费者自觉遵守秩序，提高文明意识。文明往往就体现在生活的细微之处，消费者应该约束自己的行为，养成文明的购物习惯。

27 最有用的质量安全习惯之
留意信息图形标志

您在外出购物、游玩、散步、办事情时，请尽可能地记住公共场所的安全警示标志，您会很受益的。

有关规定

《公共场所卫生管理条例实施细则》第十八条规定，公共场所经营者应当设置醒目的禁止吸烟警语和标志。

《中华人民共和国特种设备安全法》第四十三条规定，电梯、客运索道、大型游乐设施的安全使用说明、安全注意事项和警示标志置于易于为乘客注意的显著位置。公众乘坐或者操作电梯、客运索道、大型游乐设施，应当遵守安全使用说明和安全注意事项的要求。

《中华人民共和国道路交通安全法实施条例》第三十五条规定，道路养护施工单位在道路上进行养护、维修时，应当按照规定设置规范的安全警示标志和安全防护设施。道路施工需要车辆绕行的，施工单位应当在绕行处设置标志。第八十四条规定，机动车通过施工作业路段时，应当注意警示标志，减速行驶。

《中华人民共和国旅游法》第五十三条规定，从事道路旅游客运的经营者应当在车辆显著位置明示道路旅游客运专用标识，在车厢内显著位置公示经营者和驾驶人信息、道路运输管理机构监督电话等事项。

《中华人民共和国侵权责任法》第七十六条规定，未经许可进入高度危险活动区域或者高度危险物存放区域受到损害，管理人已经采取安全措施并尽到警示义务的，可以减轻或者不承担责任。第九十一条规定，在公共场所或者道路上挖坑、修缮安装地下设施等，没有设置明显标志和采取安全措施造成他人损害的，施工人应当承担侵权责任。

最有用的质量安全习惯之28

新购衣物、家纺先清洗

购买新衣服、新被套、孩子玩具等先洗涤干净再使用，可以保护您的皮肤免受伤害。

不买有异味的服装，新衣服先洗再穿；床品洗晒后熨一下杀菌更有效。

有专家指出，纺织印染助剂和纺织染料是纺织品制造过程中使用最多的化学品，有害物质集中出现在染色和后整理等工序中。尤其一些面料在后整理工序中会用甲醛来处理褶皱问题，因此会残留在新衣服上，如果新衣服不经过清洗和晾晒就穿，很容易引起皮肤过敏。另外，有一些折扣服装，更要清洗后再穿，因为它们往往会长期存放在大仓库里，存放环境缺少通风和日晒，很容易滋生螨虫和细菌。

强制性国家标准 GB 18401—2010《国家纺织产品基本安全技术规范》规定了纺织材料各项指标的检测标准，并设定了检出限值。

小贴士：

1. 不要购买有异味的纺织品，因为有发霉的味道、煤油的气味、鱼腥味、苯类的气味等异味的服装大多甲醛含量超标。

2. 而贴身衣物须避免红色、黑色等色牢度容易不符合规定的产品，如有掉色现象则不能贴身穿着。

3. 浅色服装比深色的更环保，因为生产过程中被污染的机会较少。

4. 买衣服时，最好选没有衬里的，因为粘衬需要用胶水，尽量不买免烫衣服。

5. 芳香胺为高沸点的液体或者低熔点的固体，具有特殊的气味，其毒性很大，如苯胺可以吸入、食入或透过皮肤吸收而致中毒，食入 0.25mL 就严重中毒。β－萘胺与联苯胺是引致恶性肿瘤的物质。

最有用的质量安全习惯之 29
使用标准器具计量

有关规定

《中华人民共和国计量法》第十五条规定，制造、修理计量器具的企业、事业单位必须对制造、修理的计量器具进行检定，保证产品计量性能合格，并对合格产品出具产品合格证。对于处理因计量器具准确度所引起的纠纷，第二十一条规定以国家计量基准器具或者社会公用计量标准器具检定的数据为准。

《中华人民共和国消费者权益保护法》规定，消费者在购买商品或者接受服务时，有权获得质量保障、价格合理、计量正确等公平交易条件。《中华人民共和国节约能源法》规定，各类能源的消费实行分类计量和统计，加强能源计量管理，并确保能源消费统计数据真实、完整，健全能源消费统计和能源利用状况分析制度。《中华人民共和国水法（修订）》及《中华人民共和国电力法》都规定了用水、用电应该计量，按照国家规定计量和交费。《中华人民共和国放射性污染防治法》第四十一条规定，产生放射性废气、废液的单位应定期报告排放计量结果。

《定量包装商品生产企业计量保证能力评价规定》规定了生产定量包装商品的企业所应满足的基本要求，还可供定量包装商品生产企业在建立其计量保证体系时使用。

30 最有用的质量安全习惯之 循环使用包装物

国家环保总局环境与经济政策研究中心相关负责人指出，由于中国对包装废弃物的回收率很低，目前包装废弃物已成为城市垃圾的主要来源。现在中国每年包装产量约3000多万吨，而中国包装产品的回收情况除纸箱、啤酒瓶和塑料周转较好之外，其他产品的回收率不到总产量的30%。很多地方已经出现“垃圾围城”问题，过度包装占有很大的比重。同时中国每年包装废弃物生产量是工业和生活垃圾重量的3% ~ 5%，但体积却占生活垃圾的30%以上。中国垃圾处置仍以卫生填埋为主，包装废弃物的增加无疑会占用更多的土地。

包装制品的材质基本可以分为纸质制品、塑料制品、玻璃制品和金属制品四大类，这些包装废弃物大都是可再生资源。从全国包装工业总产量的统计看，目前纸包装制品约为835万吨，塑料包装制品约为244万吨，玻璃包装制品约为444万吨，金属包装制品约为161万吨。同时这些制品每年还以12.5%~30%不等的速度增长。研究资料表明，1吨废纸可再生0.8吨新纸或者0.83吨纸板；1吨废塑料可再生0.75吨柴油或0.6吨无铅汽油。由此可见，真正实现包装的回收及循环利用已是大势所趋。

有关规定

《国务院关于印发循环经济发展战略及近期行动计划的通知》明确要求加强节能降耗，提高物流运行效率。推广可多次利用的周转包装，实现包装物的梯级利用，加强对废弃包装物的回收和再生处理。鼓励消费者减少使用一次性用品。鼓励自备购物袋，禁止使用超薄塑料购物袋。此外，还提出，要加快法规建设。完善循环经济促进法相关配套法规规章，研究制定限制商品过度包装条例、循环经济发展专项资金管理办法。

上海市人大2012年11月21日通过《上海市商品包装物减量若干规定》，并于2013年2月1日实施。

《国务院关于印发服务业发展"十二五"规划的通知》中也明确提出，鼓励发展循环经济咨询服务业，促进资源循环再生利用。加强市场流通体系建设，推动现代流通方式和循环经济理念在商贸流通领域的广泛应用，发展特许经营、电子商务、网络营销、总代理等现代经营方式。

图书在版编目（CIP）数据

守住你的质量安全习惯 / 黄小路主编 . -- 北京：中国质检出版社，2015.8 （2017.4 重印）

ISBN 978-7-5026-4208-2

Ⅰ . ①守… Ⅱ . ①黄… Ⅲ . ①产品质量—安全教育 Ⅳ . ① F273.2

中国版本图书馆 CIP 数据核字（2015）第 171918 号

出 版 者 中国质检出版社

中国标准出版社

地　　址 北京市朝阳区和平里西街甲 2 号（100029）

北京市西城区三里河北街 16 号（100045）

网　　址： www.spc.net.cn

总 编 室 （010）68533533

发行中心 （010）51780238

读者服务部 （010）68523946

印　　刷 北京市十月印刷有限公司印刷

发　　行 各地新华书店

开　　本 700×1000　1 /16

印　　张 3.5

字　　数 56 千字

2015 年 8 月第一版　2017 年 4 月第二次印刷

定　　价 18.00 元